škola - škola	2
cesta - putovanje	5
transport - transport	8
město - grad	10
krajina - pejsaž	14
restaurace - restoran	17
supermarket - supermarket	20
nápoje - napitci	22
jídlo - jelo	23
usedlost - seosko gazdinstvo	27
dům - kuća	31
obývací pokoj - dnevna soba	33
kuchyně - kuhinja	35
koupelna - kupaonica	38
dětský pokoj - dečija soba	42
oblečení - odeća	44
kancelář - kancelarija	49
hospodářství - ekonomija	51
povolání - zanimanja	53
nářadí - alati	56
hudební nástroje - muzički instrument	57
zoo - zoološki vrt	59
sport - sport	62
aktivity - aktivnosti	63
rodina - porodica	67
tělo - telo	68
nemocnice - bolnica	72
urgentní případ - hitni slučaj	76
země - zemlja	77
hodiny - sat	79
týden - sedmica	80
rok - godina	81
tvary - oblici	83
barvy - boje	84
protiklady - suprotnosti	85
čísla - brojevi	88
jazyky - jezici	90
Kdo / co / jak - ko / šta / kako	91
kde - gde	92

Impressum
Verlag: BABADADA GmbH, Nedderfeld 112 , 22529 Hamburg
Geschäftsführer / Verlagsleitung: Harald Hof
Druck: Books on Demand GmbH, In de Tarpen 42, 22848 Norderstedt

Imprint
Publisher: BABADADA GmbH, Nedderfeld 112 , 22529 Hamburg, Germany
Managing Director / Publishing direction: Harald Hof
Print: Books on Demand GmbH, In de Tarpen 42, 22848 Norderstedt, Germany

škola

škola

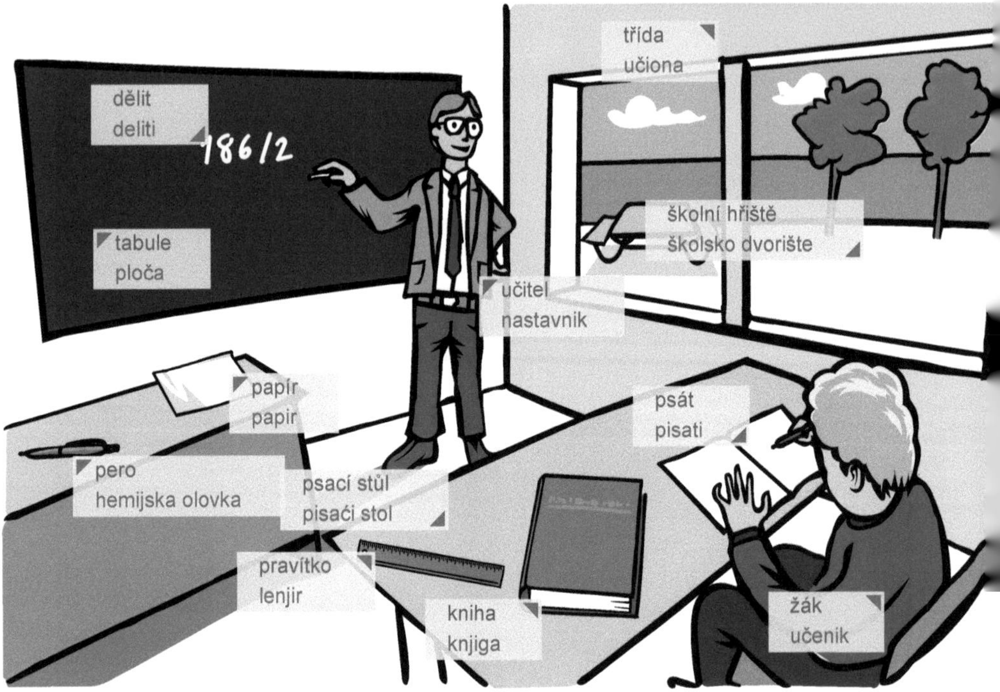
třída
učiona
dělit
deliti
186/2
tabule
ploča
školní hřiště
školsko dvorište
učitel
nastavnik
papír
papir
psát
pisati
pero
hemijska olovka
psací stůl
pisaći stol
pravítko
lenjir
kniha
knjiga
žák
učenik

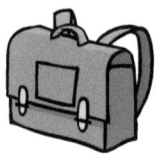

aktovka

torba

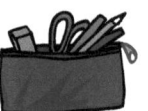

penál

pernica

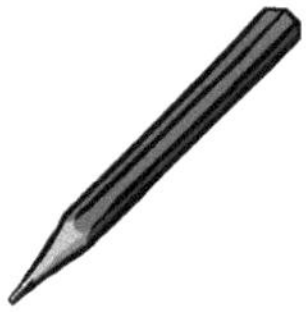

tužka

grafitna olovka

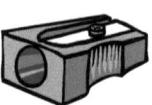

ořezávátko

šiljilo za olovke

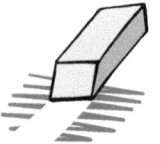

guma

gumica za brisanje

blok na kreslení

blok za crtanje

výkres

crtež

štětec

kist

malířské potřeby

kutija sa bojama

nůžky

makaze

lepidlo

lepilo

cvičebnice

beležnica

domácí úkol

domaći zadatak

počet

broj

sčítat

sabirati

odčítat

oduzimati

násobit

množiti

počítat

računati

písmeno

slovo

abeceda

abeceda

slovo

reč

text

tekst

číst

čitati

křída

kreda

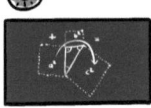

hodina

čas

třídní kniha

dnevnik

zkouška

ispit

vysvědčení

svedočanstvo

školní uniforma

školska uniforma

vzdělání

obrazovanje

encyklopedie

leksikon

univerzita

univerzitet

mikroskop

mikroskop

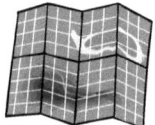

karta

karta

odpadkový koš na papír

košara za papir

hotel
hotel

Grand

ubytovna
prenoćište

ROOMS

směnárna
menjačnica

ECHANGE

kufr
kofer

auto
auto

jazyk

jezik

ano / ne

da / ne

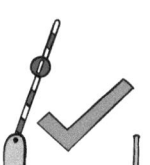

oukej

okej

Ahoj!

zdravo

překladatel

prevodilac

děkuji

hvala

Kolik stojí...?

Koliko košta...?

nerozumím

ne razumem

problém

problem

Dobrý večer!

dobro veče!

Dobré ráno!

Dobro jutro!

Dobrou noc!

Laku noć!

na shledanou

doviđenja

směr

smer

zavazadlo

prtljaga

taška

torba

batoh

ruksak

host

gost

pokoj

soba

spací pytel

vreća za spavanje

stan

šator

turistické informace

turističke informacije

pláž

plaža

kreditní karta

kreditna kartica

snídaně

doručak

oběd

ručak

večeře

večera

jízdenka

karta za vožnju

výtah

lift

poštovní známka

poštanska markica

hranice

granica

clo

carina

poselství

ambasada

vízum

viza

pas

pasoš

cesta - putovanje

transport

transport

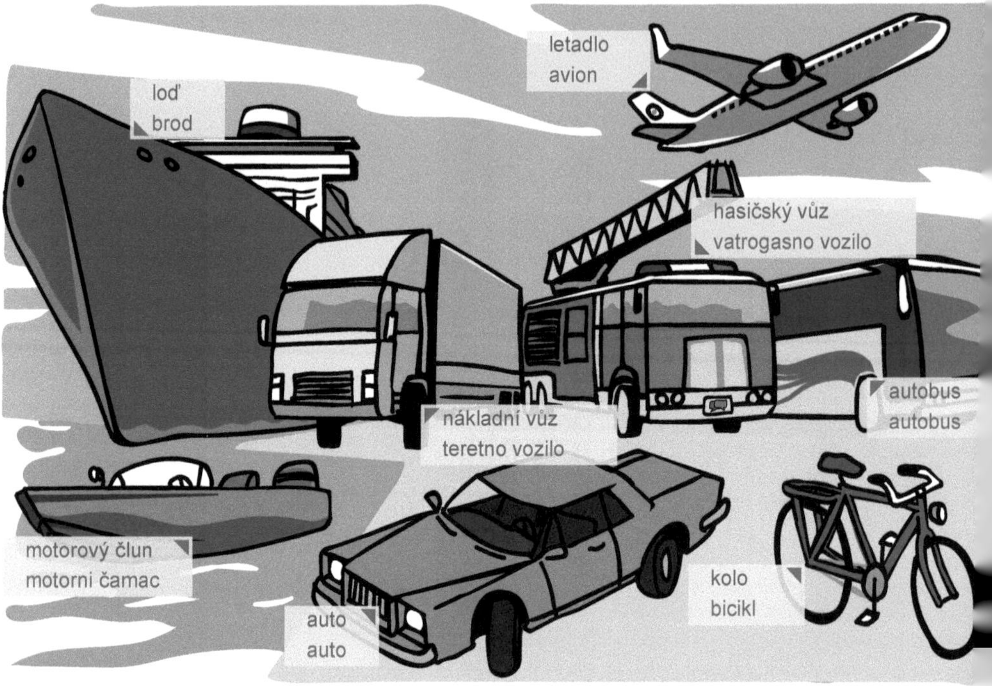

letadlo
avion
loď
brod
hasičský vůz
vatrogasno vozilo
autobus
autobus
nákladní vůz
teretno vozilo
motorový člun
motorni čamac
kolo
bicikl
auto
auto

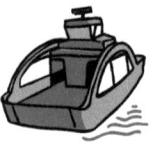

přívoz
trajekt

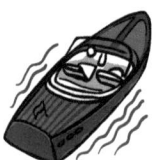

člun
čamac

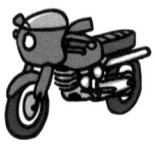

motorka
motocikl

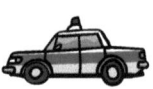

policejní auto
policijski auto

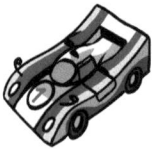

závodní auto
trkaći auto

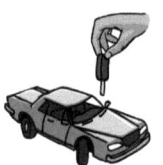

pronajaté auto
iznajmljeno auto

sdílení aut
....
delenje automobila

odtahová služba
....
vučno vozilo

popelářský vůz
....
vozilo za odvoz smeća

motor
....
motor

palivo
....
benzin

čerpací stanice
....
benzinska stanica

dopravní značka
....
saobraćajni znak

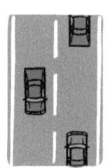

doprava
....
saobraćaj

dopravní zácpa
....
zastoj

parkoviště
....
parkiralište

vlakové nádraží
....
železnička stanica

koleje
....
šine

vlak
....
voz

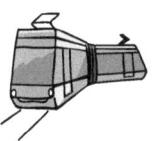

tramvaj
....
tramvaj

vagón
....
vagon

helikoptéra

helikopter

letiště

aerodrom

věž

kula

pasažér

putnik

kontejner

kontejner

kartón

karton

trakař

kolica

koš

korpa

vzlétnout / přistát

uzleteti / sleteti

město

grad

vesnice

selo

střed města

centar grada

dům

kuća

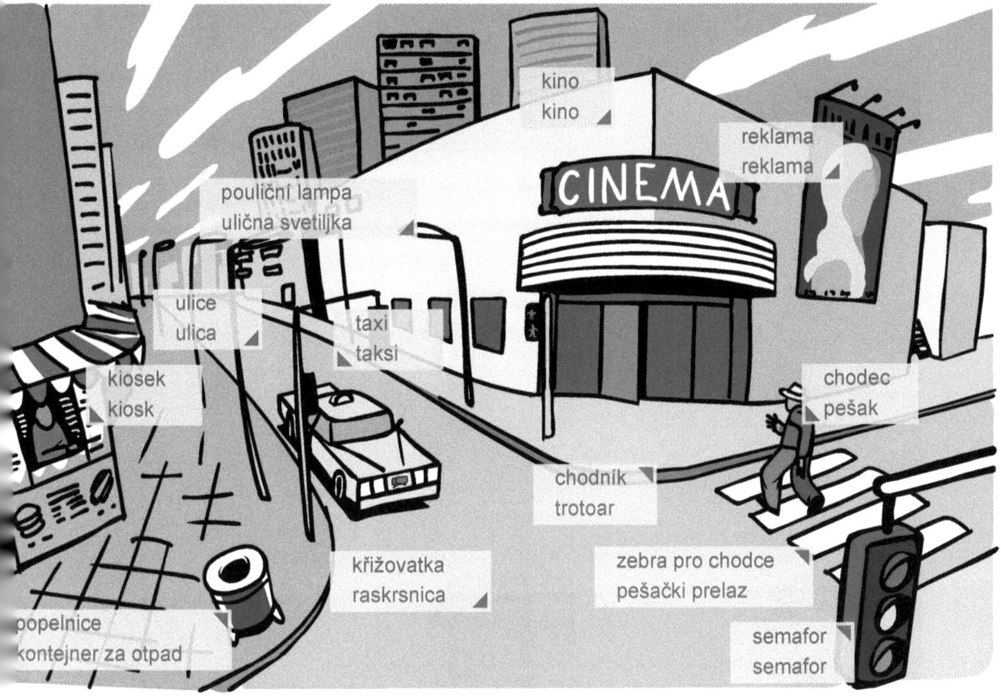

kino
kino

reklama
reklama

pouliční lampa
ulična svetiljka

CINEMA

ulice
ulica

taxi
taksi

chodec
pešak

kiosek
kiosk

chodník
trotoar

křižovatka
raskrsnica

zebra pro chodce
pešački prelaz

popelnice
kontejner za otpad

semafor
semafor

chata
koliba

byt
stan

vlakové nádraží
železnička stanica

radnice
većnica

muzeum
muzej

škola
škola

univerzita

univerzitet

banka

banka

nemocnice

bolnica

hotel

hotel

lékárna

apoteka

kancelář

kancelarija

knihkupectví

knjižara

obchod

prodavnica

květinářství

cvećara

supermarket

supermarket

tržnice

trg

obchodní dům

robna kuća

rybárna

ribarnica

nákupní centrum

trgovački centar

přístav

luka

park

park

lavička

klupa

most

most

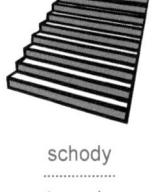

schody

stepenice

metro

podzemna železnica

tunel

tunel

autobusová zastávka

autobuska stanica

bar

bar

restaurace

restoran

poštovní schránka

poštansko sanduče

pouliční tabule

ulični znak

parkovací hodiny

parkirni automat

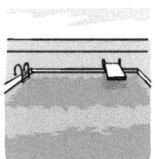

zoo

zoološki vrt

plovárna

bazen

mešita

džamija

město - grad

usedlost

seosko gazdinstvo

znečišťování životního prostředí

zagađenje okoline

hřbitov

groblje

církev

crkva

hřiště

igralište

chrám

hram

krajina
pejsaž

list
list

rozcestník
putokaz

cesta
put

louka
livada

kámen
kamen

turista
šetač

strom
drvo

řeka
reka

tráva
trava

květina
cvijet

údolí
dolina

hora
planina

jezero
jezero

les
šuma

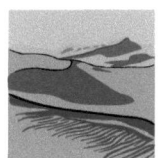

poušť
pustinja

sopka
vulkan

zámek
dvorac

duha
duga

houba
gljiva

palma
palma

komár
moskito

moucha
muva

mravenec
mrav

včela
pčela

pavouk
pauk

brouk
buba

žába
žaba

veverka
veverica

ježek
jež

zajíc
zec

sova
sova

pták
ptica

labuť
labud

divoké prase
divlja svinja

jelen
jelen

los
los

přehrada
nasip

větrné kolo
vetrenjača

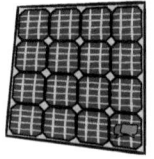

solární panel
solarna ploča

podnebí
klima

číšník
konobar

jídelní lístek
jelovnik

židle
stolica

polévka
supa

pizza
pica

příbor
pribor za jelo

ubrus
stolnjak

předkrm
predjelo

hlavní chod
glavno jelo

dezert
desert

nápoje
napitci

jídlo
jelo

láhev
flaša

rychlé občerstvení

brza hrana

pouliční občerstvení

imbis hrana

čajová konvice

čajnik

cukřenka

doza za šećer

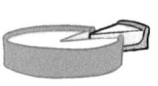

porce

porcija

kávovar na espresso

aparat za espresso

dětská stolička

visoka stolica

faktura

račun

tác

poslužavnik

nůž

nož

vidlička

viljuška

lžíce

kašika

čajová lžička

čajna kašika

ubrousek

salveta

sklenička

čaša

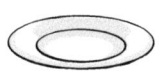

talíř

tanjir

talíř na polévku

tanjir za supu

podšálek

tanjirić

omáčka

sos

slánka

soljenka

mlýnek na pepř

mlin za biber

ocet

sirće

olej

ulje

koření

začini

kečup

kečap

hořčice

senf

majonéza

majoneza

supermarket
supermarket

nabídka
ponuda
zákazník
kupac
mléčné výrobky
mlečni proizvodi
nákupní vozík
kolica za kupovinu
ovoce
voće
FOR

BUTCHERS

masna

mesnica

BAKERY

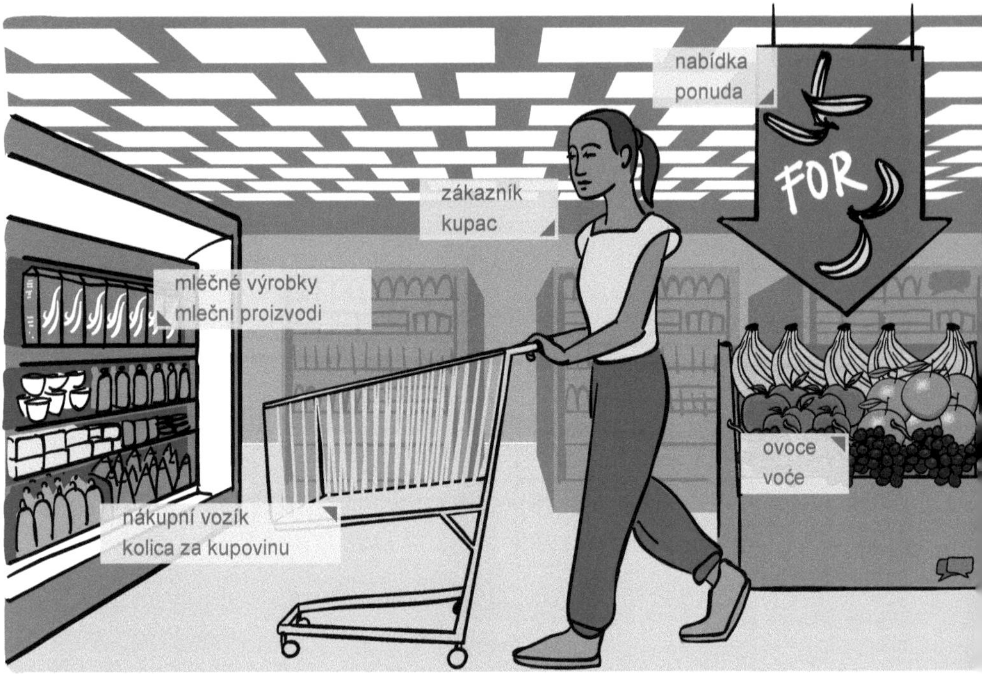

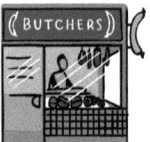

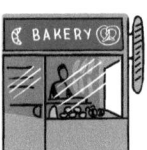

pekařství

pekara

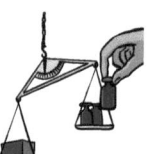

vážit

vagati

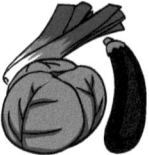

zelenina

povrće

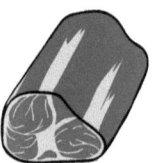

maso

meso

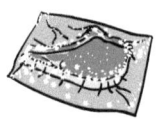

mražené potraviny

smrznuta hrana

obložený talíř

narezak

konzervy

konzerve

prací prášek

sredstvo za pranje

cukrovinky

slatkiši

výrobky pro domácnost

artikli za domaćinstvo

čisticí prostředek

sredstva za čišćenje

prodavačka

prodavačica

pokladna

blagajna

pokladní

blagajnik

nákupní seznam

lista za kupovinu

otevírací doba

vreme rada

peněženka

novčanik

kreditní karta

kreditna kartica

taška

torba

igelitová taška

plastična kesa

voda

voda

džus

sok

mléko

mleko

kola

kola

víno

vino

pivo

pivo

alkohol

alkohol

kakao

kakao

čaj

čaj

káva

kava

espresso

espresso

kapučíno

cappuccino

banán
banana

jablko
jabuka

pomeranč
narandža

meloun
lubenica

citrón
limun

mrkev
šargarepa

česnek
beli luk

bambus
bambus

cibule
luk

houba
gljiva

ořechy
orašasti plodovi

těstoviny
rezanci

špageti

špagete

rýže

riža

salát

salata

hranolky

pomfrit

americké brambory

pečeni krumpir

pizza

pica

hamburger

hamburger

sendvič

sendvič

řízek

šnicla

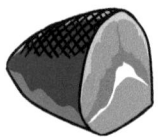

šunka

šunka

salám

salama

salám

kobasica

kuře

kokoš

pečeně

pečenje

ryby

riba

ovesné vločky

zobene pahuljice

müsli

musli

vločky

kukuruzne pahuljice

mouka

brašno

croissant

kroasan

houska

pecivo

chléb

hleb

toast

toast

sušenky

keksi

máslo

maslac

tvaroh

sveži sir

buchta

kolač

vejce

jaje

volské oko

jaje na oko

sýr

sir

zmrzlina

sladoled

cukr

šećer

med

med

marmeláda

marmelada

nugátový krém

nugat krema

kari

kari

jídlo - jelo

usedlost

seosko gazdinstvo

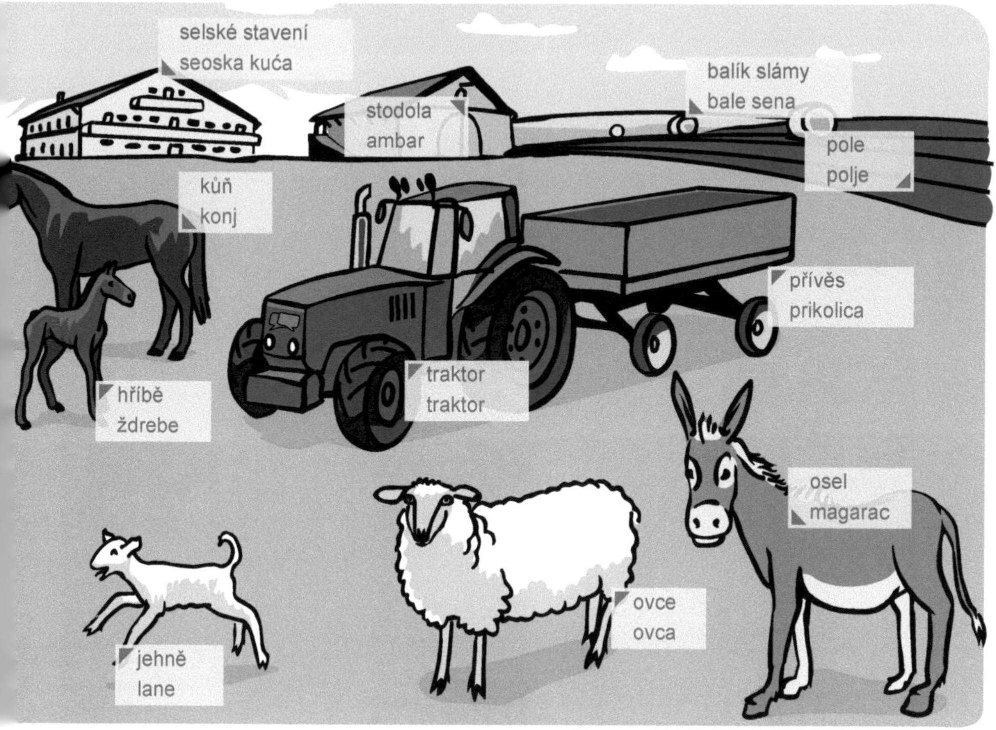
selské stavení
seoska kuća
stodola
ambar
balík slámy
bale sena
pole
polje
kůň
konj
přívěs
prikolica
traktor
traktor
hříbě
ždrebe
osel
magarac
ovce
ovca
jehně
lane

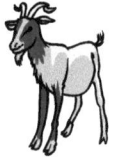

koza
koza

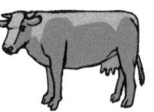

kráva
krava

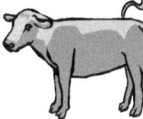

tele
tele

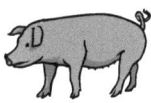

prase
svinja

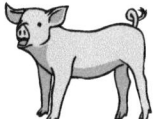

sele
prase

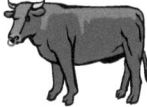

býk
bik

husa

guska

kachna

patka

kuře

pilići

slepice

kokoš

kohout

petao

krysa

pacov

kočka

mačka

myš

miš

vůl

vol

pes

pas

psí bouda

kućica za psa

zahradní hadice

vrtno crevo

kropicí konev

kanta za polivanje

kosa

kosa

pluh

plug

srp
srp

motyka
motika

vidle
viljuška za đubrivo

sekera
sekira

kolecko
tačke

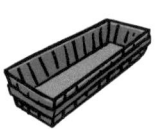

koryto
korito

konev na mléko
posuda za mleko

pytel
vreća

plot
ograda

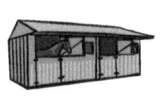

stáj
štala

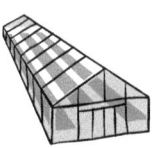

skleník
staklenik

půda
zemlja

osivo
seme

hnojivo
đubrivo

kombajn
kombajn

sklidit

žeti

sklizeň

žetva

smldinec

jams začin

pšenice

pšenica

sója

soja

brambora

krumpir

kukuřice

kukuruz

řepka

uljana repica

ovocný strom

voćka

maniok

gomolj manioke

obilí

žitarice

dům
kuća

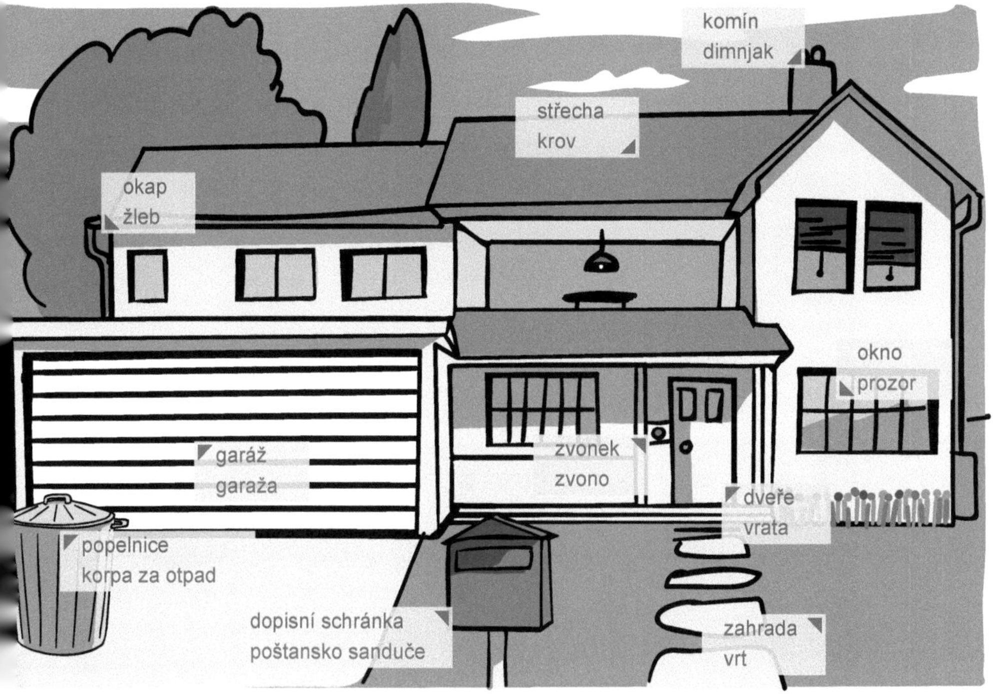
komín
dimnjak
střecha
krov
okap
žleb
okno
prozor
garáž
garaža
zvonek
zvono
dveře
vrata
popelnice
korpa za otpad
dopisní schránka
poštansko sanduče
zahrada
vrt

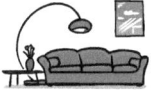

obývací pokoj
dnevna soba

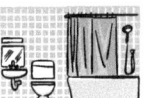

koupelna
kupaonica

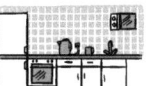

kuchyně
kuhinja

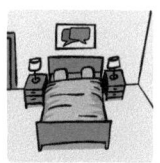

ložnice
spavaća soba

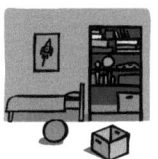

dětský pokoj
dečija soba

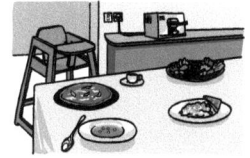

jídelna
trpezarija

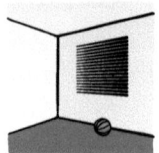

podlaha

pod

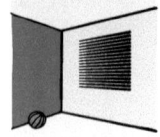

zeď

zid

deka

strop

sklep

podrum

sauna

sauna

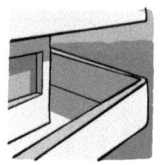

balkón

balkon

terasa

terasa

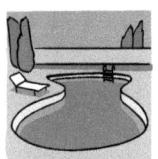

bazén

bazen

sekačka na trávu

kosilica za travu

ložní prádlo

posteljina za krevet

lůžková přikrývka

deka za krevet

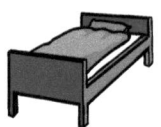

postel

krevet

smeták

metla

kýbl

kanta

vypínač

prekidač

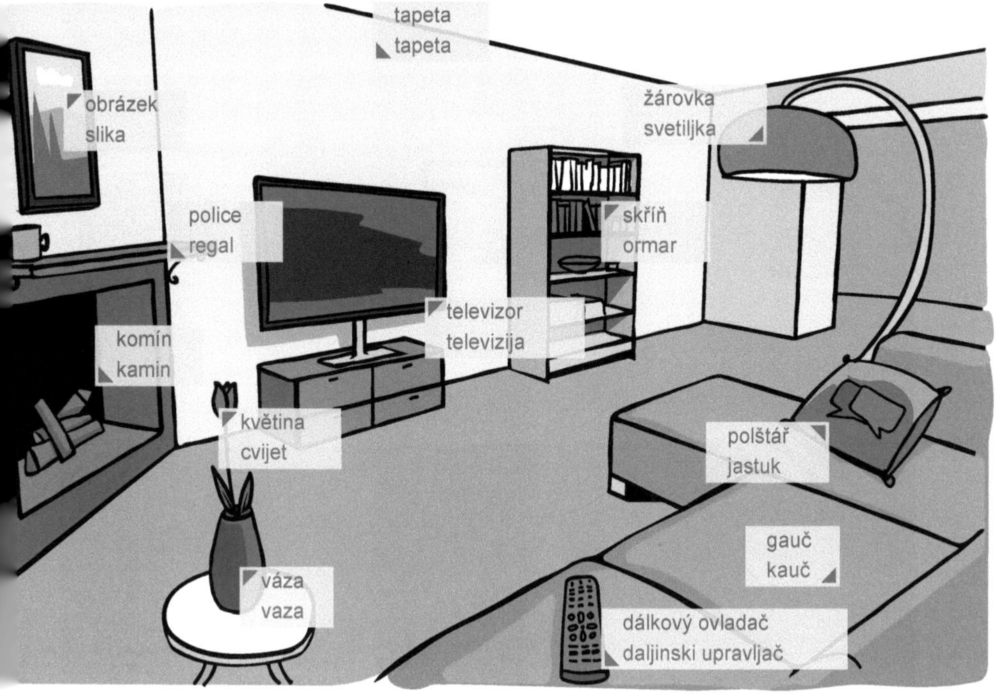

tapeta
tapeta

obrázek
slika

žárovka
svetiljka

police
regal

skříň
ormar

komín
kamin

televizor
televizija

květina
cvijet

polštář
jastuk

gauč
kauč

váza
vaza

dálkový ovladač
daljinski upravljač

koberec
....
tepih

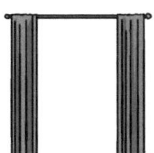

závěs
....
zavesa

stůl
....
sto

židle
....
stolica

houpací křeslo
....
stolica za njihanje

křeslo
....
fotelja

kniha

knjiga

strop

deka

ozdoba

dekoracija

palivové dříví

drvo za ogrev

film

film

stereo souprava

hi-fi uređaj

klíč

ključ

noviny

novine

malba

slika na platnu

plakát

poster

rádio

radio

poznámkový blok

blok za pisanje

vysavač

usisivač

kaktus

kaktus

svíce

sveća

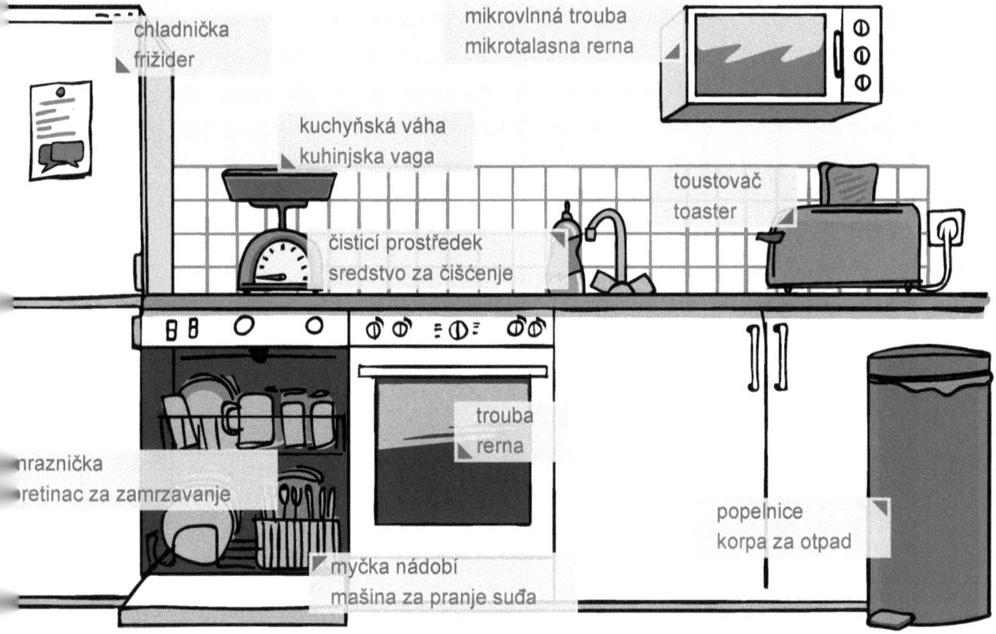

chladnička
frižider

mikrovlnná trouba
mikrotalasna rerna

kuchyňská váha
kuhinjska vaga

toustovač
toaster

čisticí prostředek
sredstvo za čišćenje

trouba
rerna

mraznička
retinac za zamrzavanje

popelnice
korpa za otpad

myčka nádobí
mašina za pranje suđa

sporák	hrnec	litinový hrnec
šporet	lonac	gvozdeni lonac

wok / kadai	pánev	varná konvice
wok / kadai	tava	kuvalo za vodu

parní hrnec

kuvalo na paru

plech na pečení

lim za pečenje

nádobí

posuđe

hrnek

čaša

miska

posuda

jídelní hůlky

štapići za jelo

naběračka

kutlača

obracečka

lopatica

metla

penjača

síto

sito za kuvanje

cedník

sito

struhadlo

ribež

hmoždíř

mužar

gril

roštilj

ohniště

ognjište

prkénko na krájení

daska

váleček na těsto

oklagija

vývrtka

vadičep

dóza

konzerva

otvírák na konzervy

otvarač konzervi

chňapka

krpa za lonac

umyvadlo

sudoper

kartáč na nádobí

četka

houba

sunđer

mixér

mikser

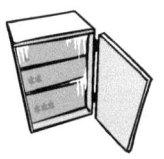

mrazák

zamrzivač

dětská lahev

flašica za bebe

kohoutek

slavina za vodu

koupelna
kupaonica

sprcha
tuš
topení
grejanje
ručník
peškir
sprchový závěs
zavesa za tuš
pěnová koupel
penušava kupka
vana
kada
sklenička
čaša
pračka
mašina za pranje veša
kohoutek
slavina za vodu
obkladačky
pločice
nočník
tuta
umyvadlo
sudoper

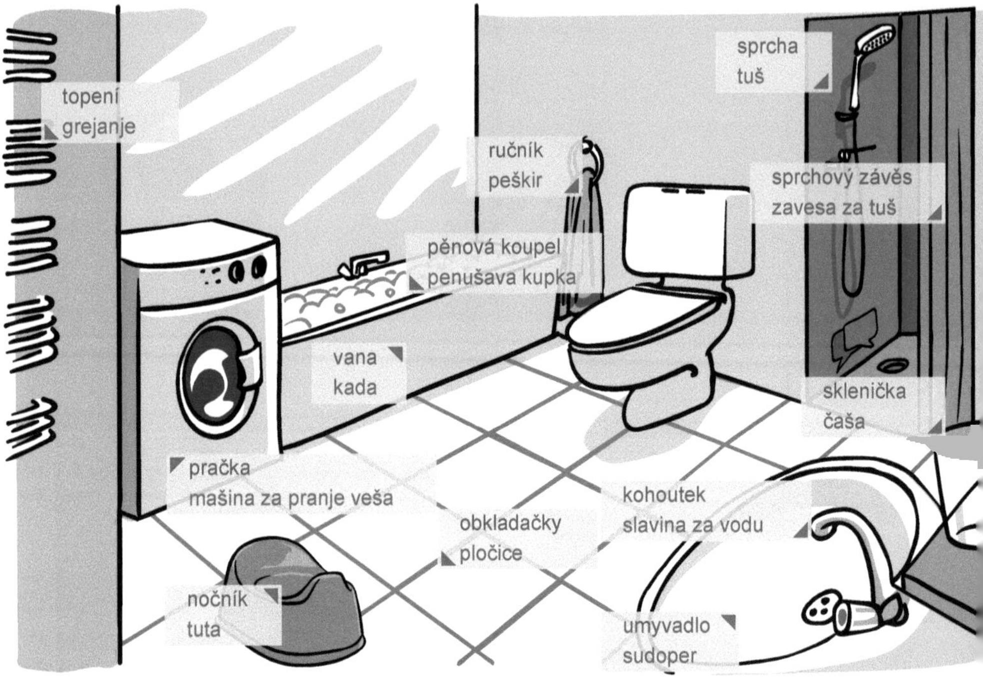

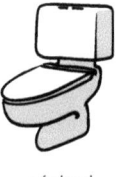

záchod
toalet

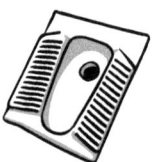

turecký záchod
čučavac

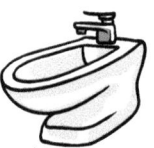

bidet
bidet

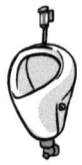

pisoár
pisoar

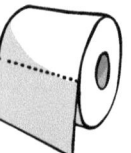

toaletní papír
toaletni papir

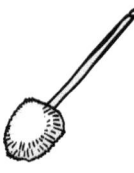

záchodová štětka
četka za toalet

zubní kartáček

četkica za zube

zubní pasta

pasta za zube

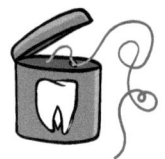

zubní niť

konac za zube

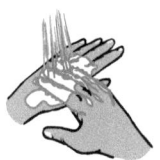

mýt

prati

ruční sprcha

tuš ručica

intimní sprcha

tuš za pranje intimnih delova

umyvadlo

lavor

kartáč na záda

četka za pranje leđa

mýdlo

sapun

sprchový gel

gel za tuširanje

šampón

šampon

žínka

krpa za pranje

odpad

odvod

krém

krema

deodorant

dezodorans

zrcadlo

ogledalo

kosmetické zrcátko

kozmetičko ogledalo

holicí strojek

brijač

pěna na holení

pena za brijanje

voda po holení

losion za posle brijanja

hřeben

češalj

kartáč

četka

fén

fen za kosu

lak na vlasy

sprej za kosu

makeup

makeup

rtěnka

ruž za usne

lak na nehty

lak za nokte

vata

vata

nůžky na nehty

makaze za nokte

parfém

parfem

ka s toaletními potřebami
kozmetička torbica

stolička
stolica

váha
vaga

župan
ogrtač

gumové rukavice
rukavice za čišćenje

tampón
tampon

dámská vložka
uložak

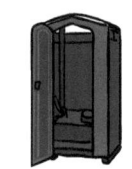

chemická toaleta
hemijski toalet

dětský pokoj

dečija soba

budík
budilnik
plyšová hračka
plišana igračka
autíčko
auto igračka
chrastítko
zvečka
domeček pro panenky
kućica za lutke
dárek
poklon

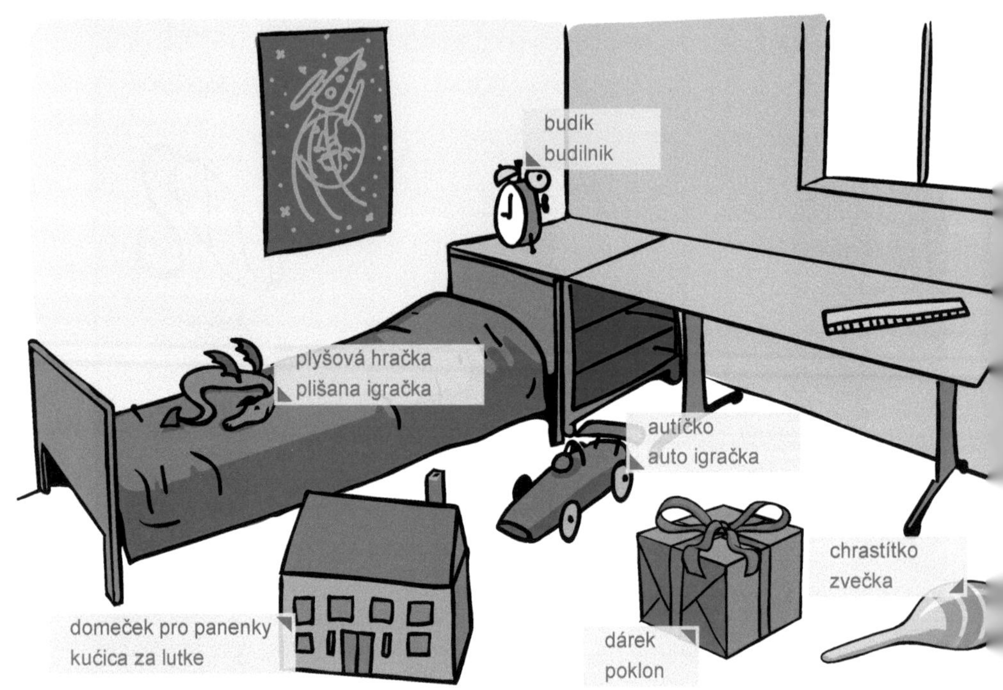

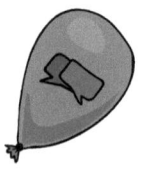

balón

balon

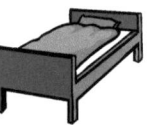

postel

krevet

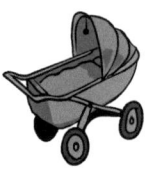

kočárek

dječija kolica

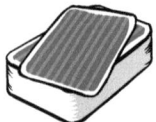

balíček karet

igra s kartama

puzzle

slagalica

SUPER
MEGA

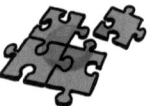

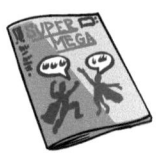

komiks

strip

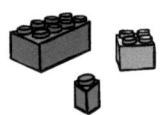

lego kostky

lego kockice

stavebnice

kockice za slaganje

akční figurka

akcioni junak

dupačky

benkica za bebe

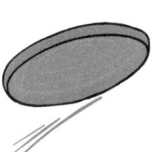

frisbee

frizbi

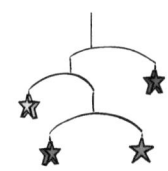

závěsné hračky nad postýlku

viseće igračke

desková hra

družtvene igre

kostky

kocka

modelová železnice

minijaturna željeznica

dudlík

duda

oslava

zabava

obrázková kniha

slikovnica

míč

lopta

panenka

lutka

hrát si

igrati

pískoviště

pješčanik

houpačka

ljuljačka

hračky

igračka

hrací konzole

konzola za igre

tříkolka

tricikl

medvídek

tedi

šatník

ormar

oblečení
odeća

ponožky

kratke čarape

punčochy

čarape

punčochové kalhoty

hulahopke

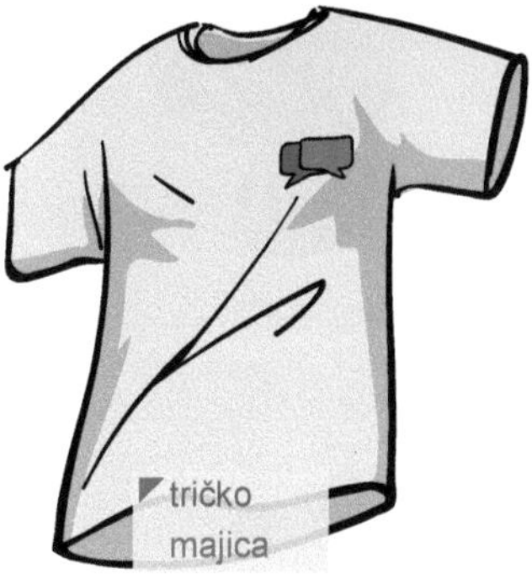

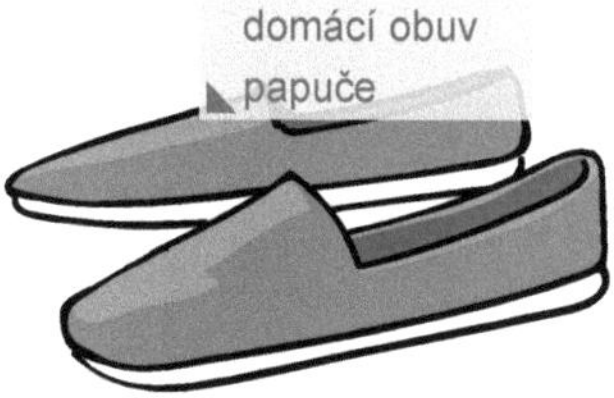

šála
šal

pásek
kaiš

deštník
kišobran

tričko
majica

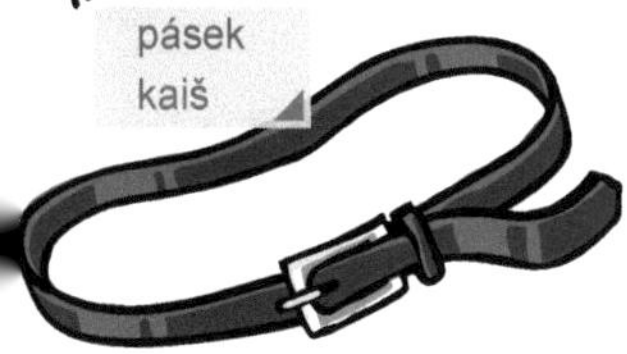

kozačky
čizme

domácí obuv
papuče

tenisky
patike

sandály

sandale

obuv

cipele

holínky

gumene čizme

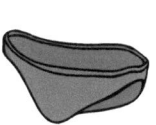

spodní prádlo

gaćice

podprsenka

grudnjak

nátělník

potkošulja

oblečení - odeća

body	kalhoty	džíny
bodi	pantalone	farmerke

sukně	blůza	košile
suknja	bluza	košulja

svetr	mikina	blejzr
džemper	džemper s kapuljačom	sako

bunda	kabát	pláštěnka
jakna	kaput	kabanica

kostým	šaty	svatební šaty
kostim	haljina	venčanica

oblek
odelo

noční košile
spavaćica

pyžamo
pidžama

sárí
sari

šátek na hlavu
marama za glavu

turban
turban

burka
burka

kaftan
kaftan

abája
abaja

plavky
kupaći kostim

pánské plavky
kupaće gaćice

kraťasy
kratke pantalone

epláková souprava
odeća za trening

zástěra
kecelja

rukavice
rukavice

knoflík

dugme

brýle

naočare

náramek

narukvica

náhrdelník

ogrlica

prsten

prsten

náušnice

naušnica

čepice

kapa

ramínko

vešalica

klobouk

šešir

kravata

kravata

zip

patent zatvarač

helma

kaciga

kšandy

naramenice

školní uniforma

školska uniforma

uniforma

uniforma

bryndák
....
podbradak

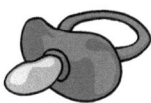

dudlík
....
duda

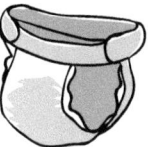

plena
....
pelena

kancelář
kancelarija

server
server

kartotéka
ormar za spise

tiskárna
štampač

monitor
monitor

papír
papir

psací stůl
pisaći stol

myš
miš

šanon
mapa

klávesnice
tastatura

odpadkový koš na papír
košara za papir

počítač
kompjuter

židle
stolica

hrnek na kávu
....
šalica za kavu

kalkulačka
....
kalkulator

internet
....
internet

notebook

laptop

dopis

pismo

zpráva

poruka

mobil

mobilni telefon

síť

mreža

kopírka

uređaj za kopiranje

software

softver

telefon

telefon

zásuvka

utičnica

fax

faks

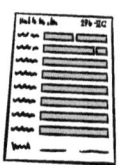

formulář

formular

dokument

dokument

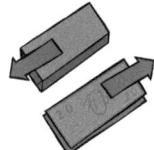  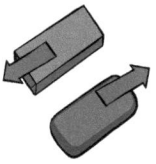

nakupovat	zaplatit	jednat
kupovati	platiti	trgovati

peníze	dolar	euro
novac	dolar	evro

jen	rubl	frank
jen	rublja	švajcarski franak

juan	rupie	bankomat
renmindbi juan	rupija	automat za novac

směnárna

menjačnica

zlato

zlato

stříbro

srebro

olej

nafta

energie

energija

cena

cena

smlouva

ugovor

daň

porez

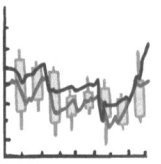

akcie

deonica

pracovat

raditi

zaměstnanec

službenik

zaměstnavatel

poslodavac

továrna

fabrika

obchod

prodavnica

povolání
zanimanja

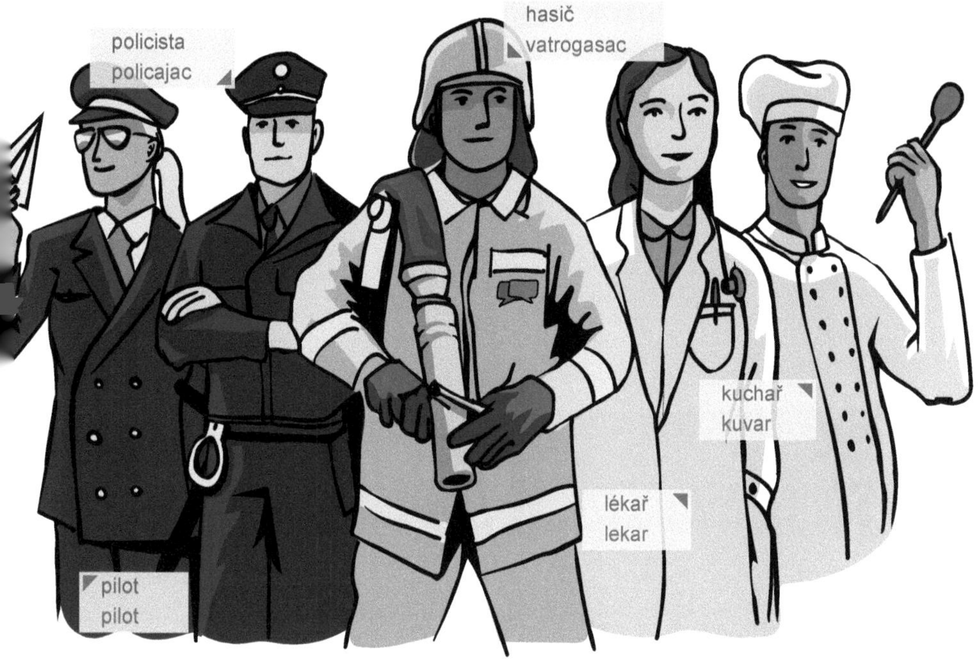
policista
policajac
hasič
vatrogasac
kuchař
kuvar
lékař
lekar
pilot
pilot

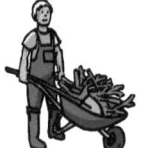

zahradník

vrtlar

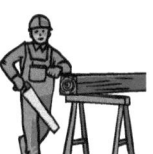

truhlář

stolar

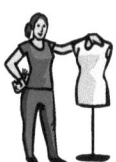

švadlena

krojačica

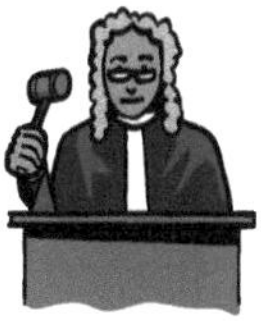

soudce

sudija

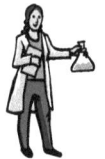

chemik

hemičar

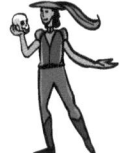

herec

glumac

řidič autobusu

vozač autobusa

řidič taxi

vozač taksija

rybář

ribar

uklízečka

čistačica

pokrývač

krovopokrivač

číšník

konobar

myslivec

lovac

malíř

slikar

pekař

pekar

elektrikář

električar

stavební dělník

građevinski radnik

inženýr

inženjer

řezník

mesar

klempíř

limar

listonoš

poštar

voják

vojnik

architekt

arhitekta

pokladní

blagajnik

florista

cvećar

kadeřník

frizer

průvodčí

kondukter

mechanik

mehaničar

kapitán

kapetan

zubař

zubar

vědec

naučnik

rabín

rabi

imám

imam

mnich

monah

duchovní

svećenik

nářadí
alati

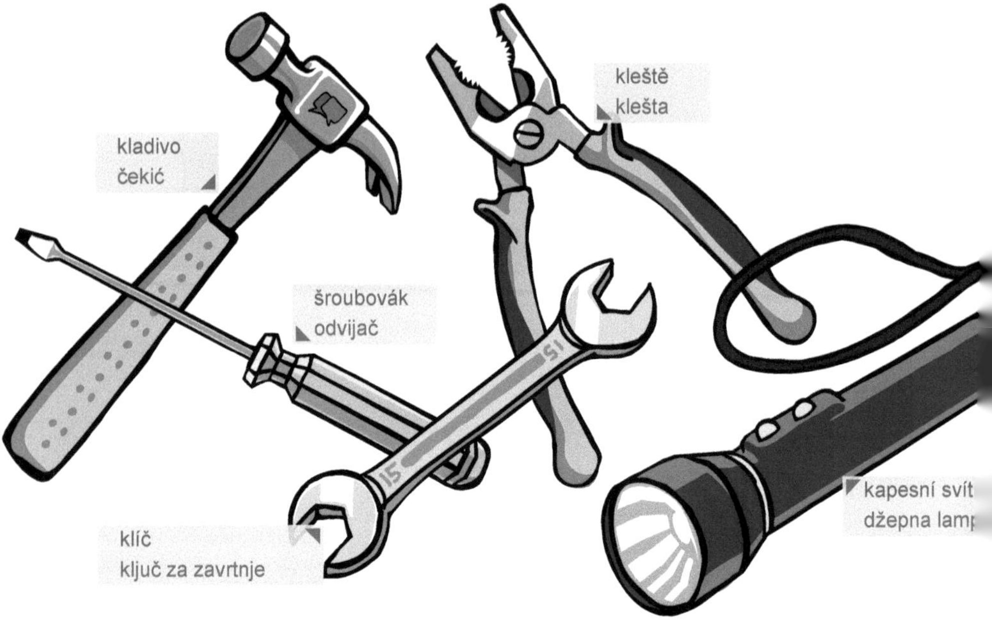

kladivo
čekić
kleště
klešta
šroubovák
odvijač
klíč
ključ za zavrtnje
kapesní svít
džepna lamp

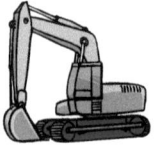

bagr

bager

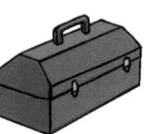

skříň na nářadí

kutija za alat

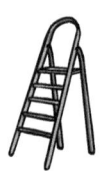

žebřík

merdevine

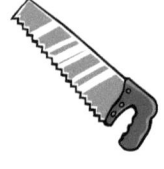

pila

pila

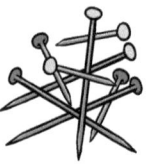

hřebíky

ekser

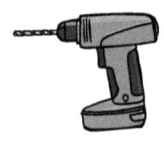

vrtačka

bušilica

opravit

popraviti

lopata

lopata

Kurva!

do đavola!

lopatka

lopatica

vědroé na barvu

lonac za boju

šrouby

zavrtanji

hudební nástroje
muzički instrument

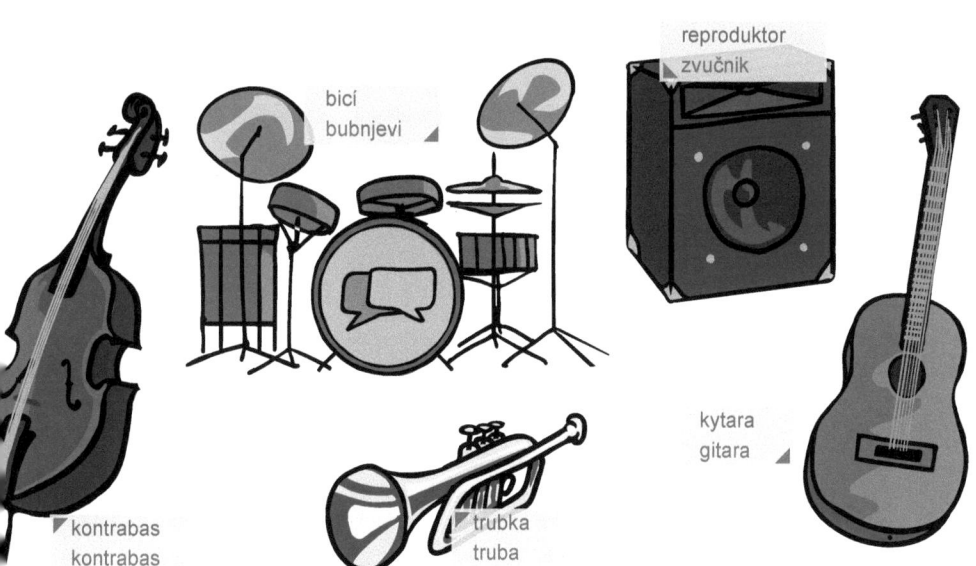

reproduktor
zvučnik

bicí
bubnjevi

kontrabas
kontrabas

trubka
truba

kytara
gitara

klavír

klavir

housle

violina

basa

bas

tympán

timpani

bubny

udaraljke za bubnjeve

keyboard

tipke klavira

saxofon

saksofon

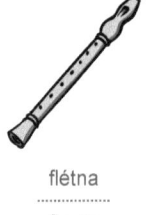

flétna

flauta

mikrofon

mikrofon

ZOO
zoološki vrt

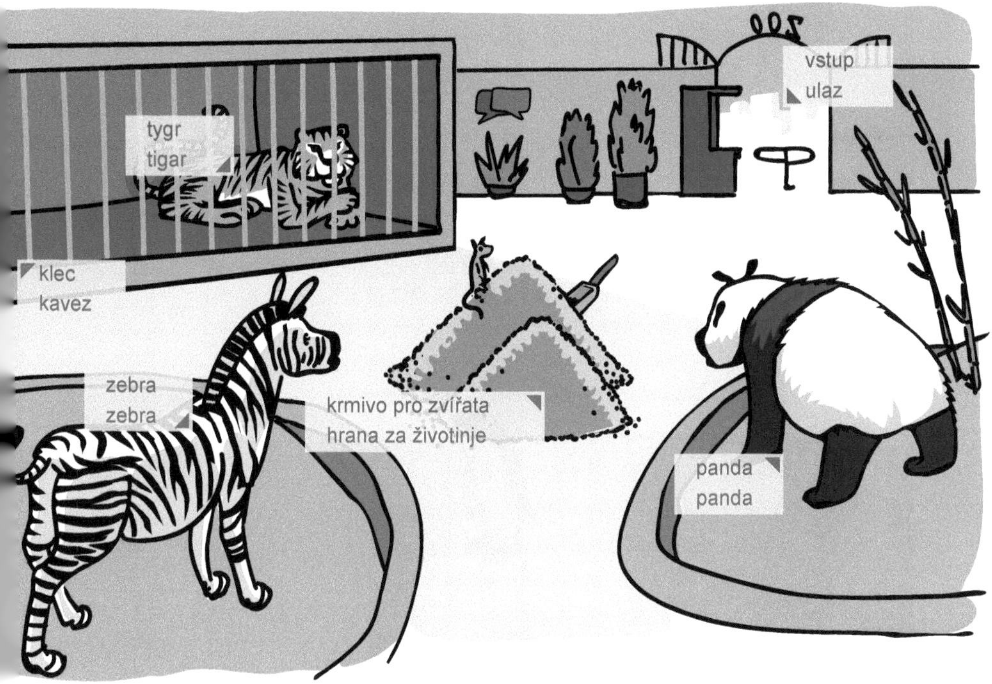
tygr
tigar
vstup
ulaz
klec
kavez
zebra
zebra
krmivo pro zvířata
hrana za životinje
panda
panda

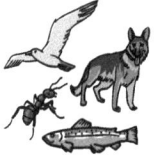

zvířata
životinje

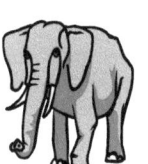

slon
slon

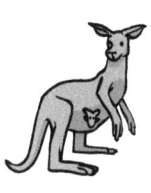

klokan
kengur

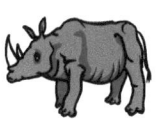

nosorožec
nosorog

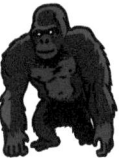

gorila
gorila

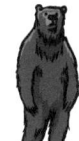

medvěd
medved

velbloud

kamila

pštros

noj

lev

lav

opice

majmun

plameňák

flamingo

papoušek

papagaj

lední medvěd

polarni medved

tučňák

pingvin

žralok

ajkula

páv

paun

had

zmija

krokodýl

krokodil

ošetřovatel zvířat

čuvar u zoološkom vrtu

tuleň

tuljan

jaguár

jaguar

poník

poni

leopard

leopard

hroch

nilski konj

žirafa

žirafa

orel

orao

divoké prase

divlja svinja

ryby

riba

želva

kornjača

mrož

morž

liška

lisica

gazela

gazela

americký fotbal
americki nogomet

cyklistika
biciklizam

tenis
tenis

košíková
košarka

plavání
plivanje

box
boks

lední hokej
hokej na ledu

kopaná
fudbal

badminton
badminton

lehká atletika
atletika

házená
rukomet

běh na lyžích
skijanje

vodní pólo
polo

sport - sport

smát se
smejati se

skočit
skočiti

objímat
zagrliti

jít
ići

zpívat
pevati

snít
sanjati

modlit se
moliti se

políbit
poljubiti

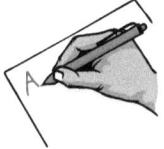

psát

pisati

kreslit

crtati

ukazovat

pokazati

tlačit

gurati

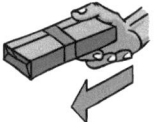

dát

dati

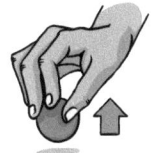

vzít si

uzeti

mít
imati

dělat
činiti

být
biti

stát
stojati

běhat
trčati

táhnout
povlačiti

hodit
baciti

padat
padati

ležet
ležati

čekat
čekati

nosit
nositi

sedět
sediti

oblékat
oblačiti

spát
spavati

vzbudit se
probuditi se

prohlédnout si

gledati

plakat

plakati

pohladit

milovati

česat

češljati

hovořit

govoriti

rozumět

razumeti

ptát se

pitati

slyšet

slušati

pít

piti

jíst

jesti

uklidit

pospremiti

milovat

voleti

vařit

kuhati

jet

voziti

letět

leteti

plachtit

ploviti

počítat

računati

číst

čitati

učit se

učiti

pracovat

raditi

vzít si

venčati se

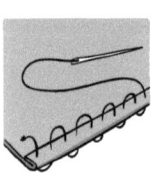

šít

šiti

čistit si zuby

prati zube

zabít

ubiti

kouřit

pušiti

poslat

poslati

rodina
porodica

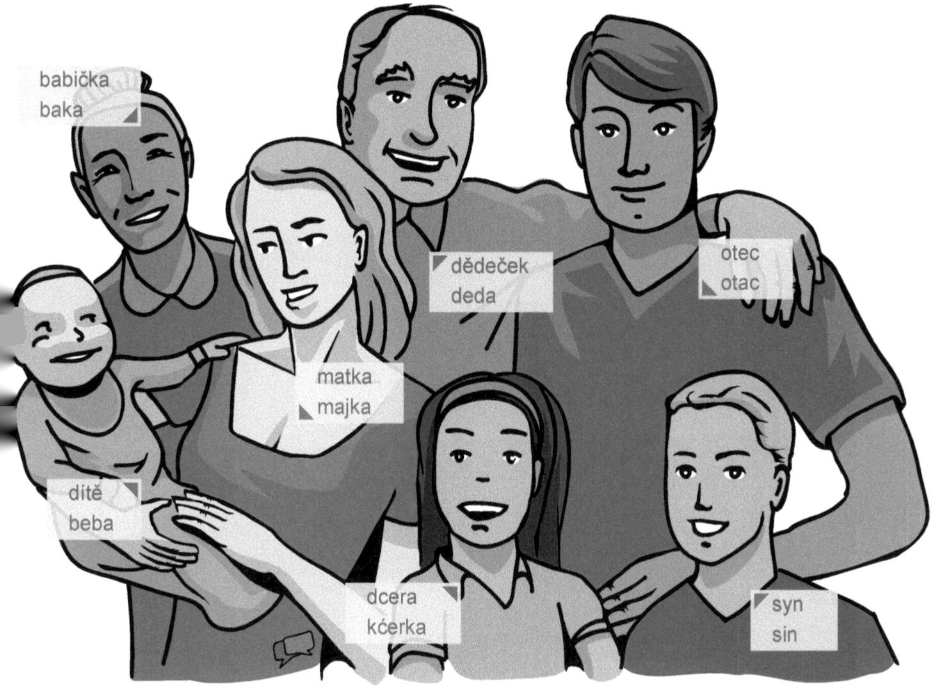
babička
baka
dědeček
deda
otec
otac
matka
majka
dítě
beba
dcera
kćerka
syn
sin

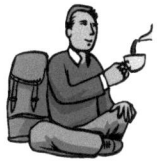

host
gost

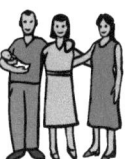

teta
tetka

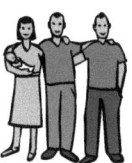

strýc
ujak, stric

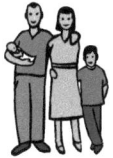

bratr
brat

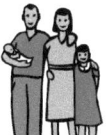

sestra
sestra

tělo
telo

čelo
čelo
oko
oko
rameno
rame
prst
prst
obličej
lice
brada
brada
ruka
ruka
hruď
grudi
dolní končetina
noga
paže
ruka

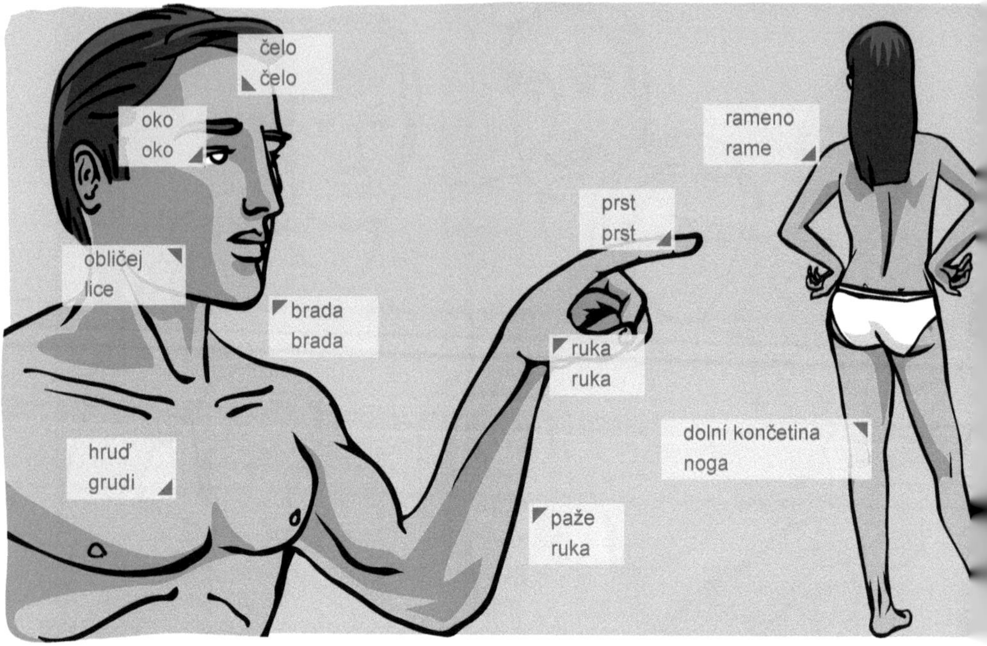

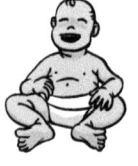

dítě

beba

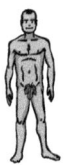

muž

muškarac

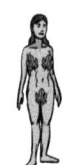

žena

žena

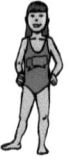

dívka

devojčica

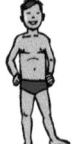

chlapec

dečak

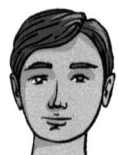

hlava

glava

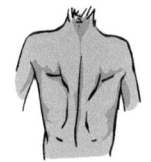

záda

leđa

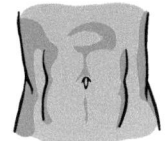

břicho

stomak

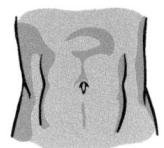

pupík

pupak

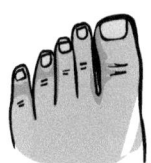

prst na noze

nožni prst

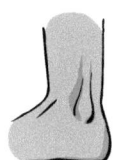

pata

peta

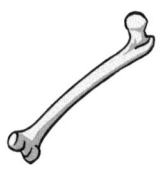

kost

kost

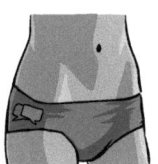

bok

kukovi

koleno

koleno

loket

lakat

nos

nos

zadek

zadnjica

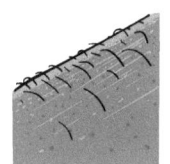

kůže

koža

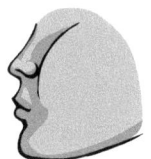

tvář

obraz

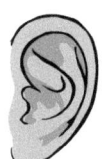

ucho

uvo

ret

usna

ústa

usta

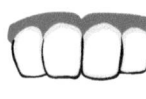

zub

zub

jazyk

jezik

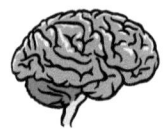

mozek

mozak

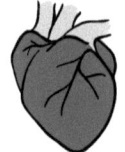

srdce

srce

sval

mišić

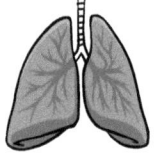

plíce

pluća

játra

jetra

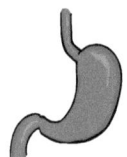

žaludek

želudac

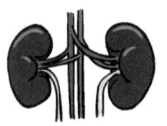

ledviny

bubrezi

pohlavní styk

polni odnos

kondom

kondom

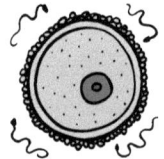

vajíčko

jajna ćelija

sperma

sperma

těhotenství

trudnoća

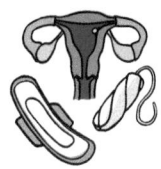

menstruace
menstruacija

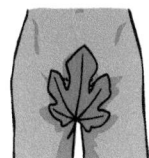

vagina
vagina

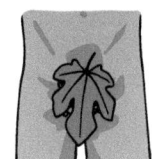

penis
penis

obočí
obrva

vlasy
kosa

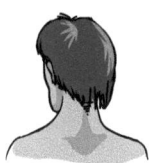

krk
vrat

nemocnice
bolnica

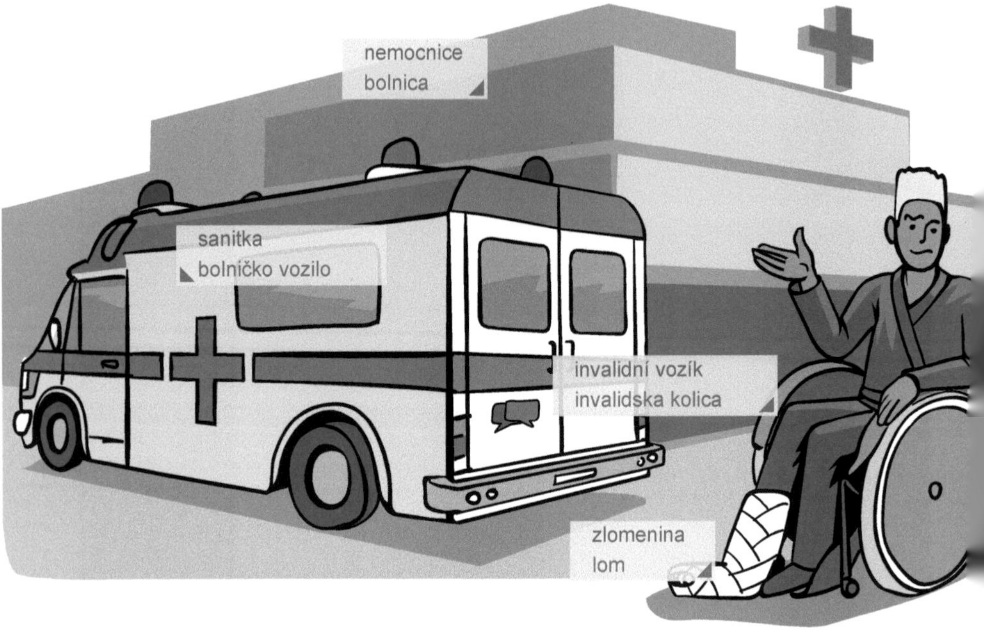
nemocnice
bolnica
sanitka
bolničko vozilo
invalidní vozík
invalidska kolica
zlomenina
lom

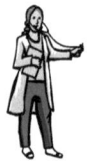

lékař

lekar

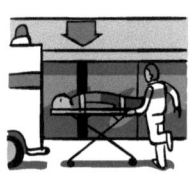

pohotovost

hitna medicinska služba

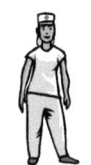

zdravotní sestra

medicinska sestra

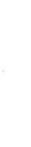

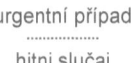

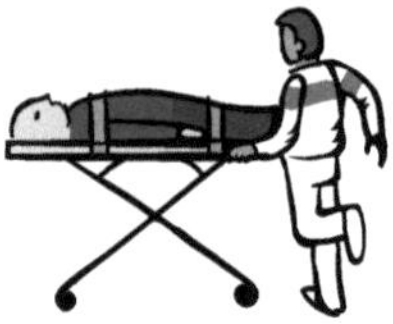

urgentní případ

hitni slučaj

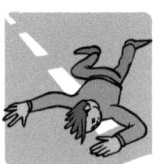

v bezvědomí

nesvest

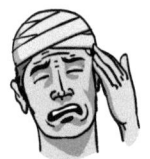

bolest

bol

úraz

povreda

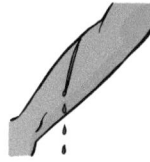

krvácení

krvarenje

infarkt myokardu

srčani udar

vní mozková příhoda

udar

alergie

alergija

kašel

kašalj

horečka

groznica

chřipka

gripa

průjem

proliv

bolest hlavy

glavobolja

rakovina

rak

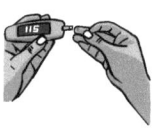

cukrovka

dijabetes

chirurg

hirurg

skalpel

skalpel

operace

operacija

CT
ct

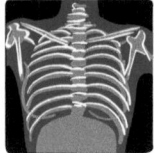

rentgen
rentgen

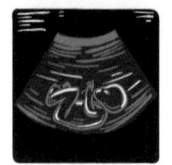

ultrazvuk
ultrazvuk

maska
maska

nemoc
bolest

čekárna
čekaona

berle
štaka

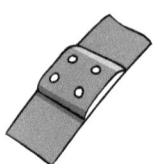

náplast
flaster

obvaz
zavoj

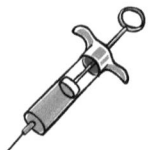

injekce
injekcija

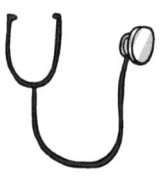

stetoskop
stetoskop

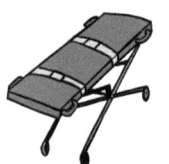

nosítka
nosila

teploměr
termometar

porod
rođenje

nadváha
prekomerna težina

naslouchátko

slušni aparat

dezinfekční prostředek

sredstvo za dezinfekciju

infekce

infekcija

virus

virus

HIV / AIDS

HIV / AIDS

lékařství

medicina

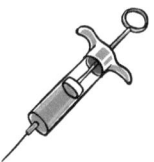

očkování

vakcinacija

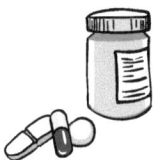

tablety

tablete

pilulka

pilula

tísňové volání

hitni poziv

tonometr

uređaj za merenje pritiska

nemocný / zdravý

bolesno / zdravo

Pomoc!

pomoć!

poplach

alarm

přepadení

nasrtaj

napadení

napad

nebezpečí

opasnost

nouzový východ

izlaz u slučaju nužde

Hoří!

požár!

hasicí přístroj

protivpožarni aparat

nehoda

nezgoda

zdravotnická brašna

kutija prve pomoći

SOS

sos

policie

policija

Evropa

Evropa

Severní Amerika

Severna Amerika

Jižní Amerika

Južna Amerika

Afrika

Afrika

Asie

Azija

Austrálie

Australija

Atlantik

Atlantik

Pacifik

Pacifik

Indický oceán

Indijski okean

žní ledový oceán

Antarktički okean

Severní ledový oceán

Arktički ocean

severní pól

Severni pol

jižní pól
Južni pol

Antarktida
Antarktik

země
zemlja

pevnina
zemlja

moře
more

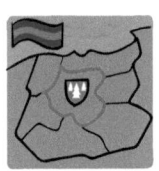

ostrov
otok

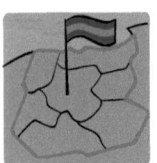

národ
nacija

stát
država

ciferník
brojčanik sata

hodinová ručička
satna kazaljka

minutová ručička
minutna kazaljka

vteřinová ručička
sekundna kazaljka

Kolik je hodin?
Koliko je sati?

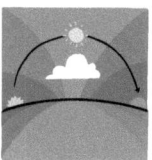

den
dan

čas
vreme

teď
sada

digitální hodinky
digitalni sat

minuta
minuta

hodina
čas

týden
sedmica

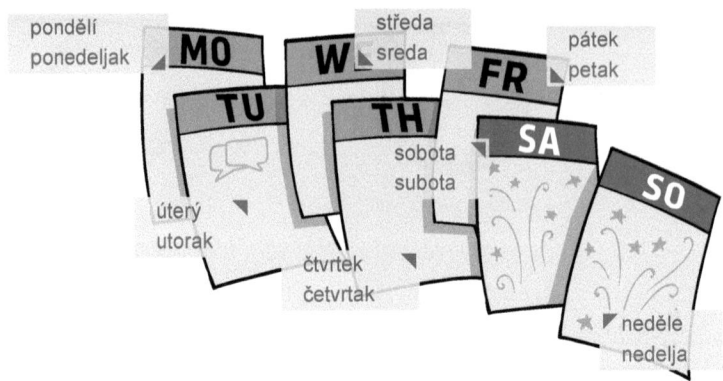

pondělí
ponedeljak

středa
sreda

pátek
petak

úterý
utorak

čtvrtek
četvrtak

sobota
subota

neděle
nedelja

včera

juče

dnes

danas

zítra

sutra

ráno

jutro

poledne

podne

večer

veče

MO	TU	WE	TH	FR	SA	SU
1	2	3	4	5	6	7
8	9	10	11	12	13	14
15	16	17	18	19	20	21
22	23	24	25	26	27	28
29	30	31	1	2	3	4

pracovní dny

radni dani

MO	TU	WE	TH	FR	SA	SU
1	2	3	4	5	6	7
8	9	10	11	12	13	14
15	16	17	18	19	20	21
22	23	24	25	26	27	28
29	30	31	1	2	3	4

víkend

vikend

rok
godina

déšť
kiša
duha
duga
vítr
vetar
sníh
sneg
jaro
proleće
podzim
jesen
léto
leto
zima
zima

4.APRIL 11°
5.APRIL 4°
6.APRIL 13°
7.APRIL 8°
8.APRIL 10°

ředpověď počasí

teorološka prognoza

F C
120 40
90 30
60 20
30 10
0 0
-30 -10
-20

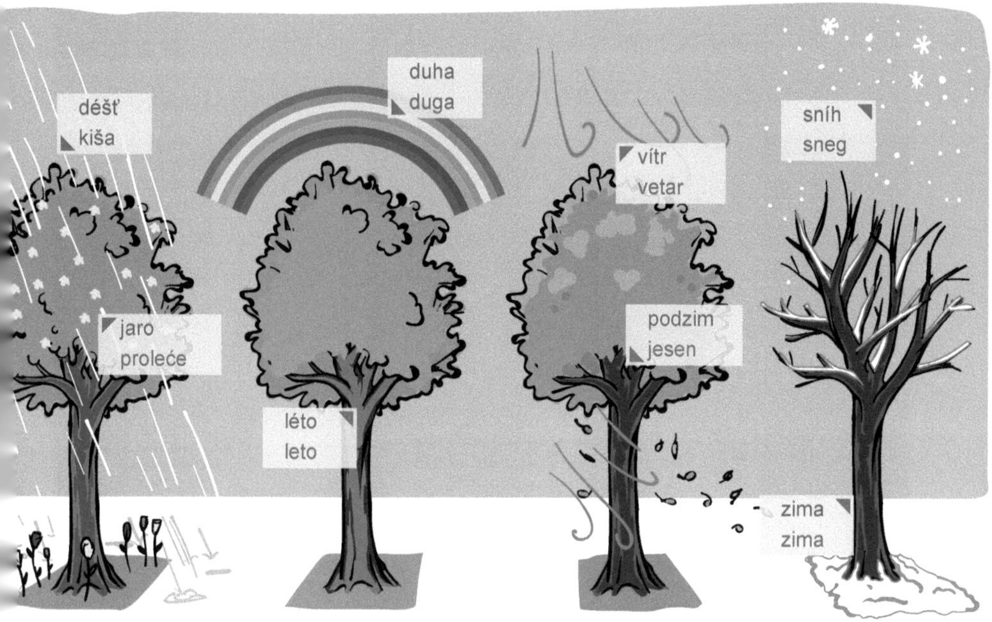

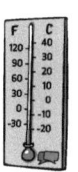

teploměr

termometar

sluneční svit

sunčana svetlost

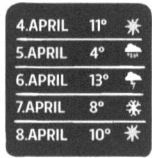

mrak

oblak

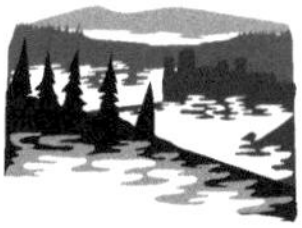

mlha

magla

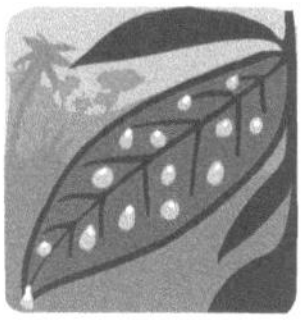

vlhkost

vlažnost vazduha

blesk

munja

hrom

grmljavina

bouřka

oluja

kroupy

tuča

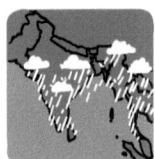

monzun

monsun

povodeň

poplava

led

led

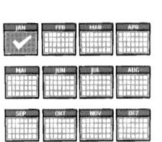

leden

januar

únor

februar

březen

mart

duben

april

květen

maj

červen

juni

červenec

juli

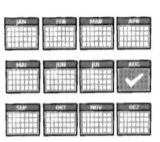

srpen

avgust

rok - godina

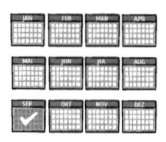

září
....
septembar

říjen
....
oktobar

listopad
....
novembar

prosinec
....
decembar

tvary

oblici

kruh
....
krug

čtverec
....
kvadrat

obdélník
....
pravougao

trojúhelník
....
trougao

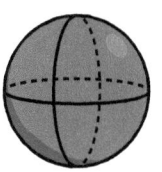

koule
....
kugla

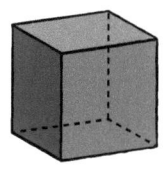

krychle
....
kocka

bílá

bela

žlutá

žuta

oranžová

narandžasta

růžová

ružičasta

červená

crvena

fialová

ljubičasta

modrá

plava

zelená

zelena

hnědá

smeđa

šedá

siva

černá

crna

hodně / málo
mnogo / malo

rozzuřený / mírumilovný
ljutito / mirno

krásný / ošklivý
lepo / ružno

začátek / konec
početak / kraj

velký / malý
veliko / maleno

světlý / tmavý
svetlo / tamno

bratr / sestra
brat / sestra

čistý / špinavý
čisto / prljavo

úplný / neúplný
potpuno / nepotpuno

den / noc
dan / noć

mrtvý / živý
mrtvo / živo

široký / úzký
široko / usko

jedlý / nejedlý

jestivo / nejestivo

zlý / hodný

zlo / dobro

vzrušený / znuděný

uzbuđeno / dosadno

tlustý / hubený

debelo / mršavo

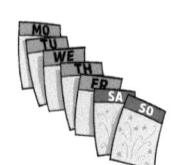

nejdříve / naposledy

na početku / na kraju

přítel / nepřítel

prijatelj / neprijatelj

plný / prázdný

puno / prazno

tvrdý / měkký

tvrdo / mekano

těžký / lehký

teško / lagano

hlad / žízeň

glad / žeđ

nemocný / zdravý

bolesno / zdravo

ilegální / legální

ilegalno / legalno

inteligentní / hloupý

pametno / glupo

vlevo / vpravo

levo / desno

blízko / daleko

blizu / daleko

protiklady - suprotnosti

nový / použitý

novo / polovno

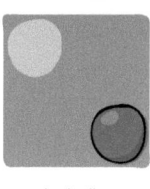

nic / něco

ništa / nešto

starý / mladý

staro / mlado

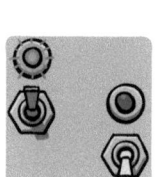

zapnutý / vypnutý

ključeno / isključeno

otevřeno / zavřeno

otvoreno / zatvoreno

tichý / hlasitý

tiho / glasno

bohatý / chudý

ogato / siromašno

správný / špatný

tačno / pogrešno

drsný / hladký

hrapavo / glatko

smutný / šťastný

tužno / sretno

krátký / dlouhý

kratko / dugo

pomalý / rychlý

polako / brzo

vlhký / suchý

mokro / suho

teplý / chladný

toplo / hladno

válka / mír

rat / mir

0

nula

nula

1

jedna

jedan

2

dva

dva

3

tři

tri

4

čtyři

četiri

5

pět

pet

6

šest

šest

7

sedm

sedam

8

osm

osam

9

devět

devet

10

deset

deset

11

jedenáct

jedanaest

12	**13**	**14**
dvanáct	třináct	čtrnáct
dvanaest	trinaest	četrnaest

15	**16**	**17**
patnáct	šestnáct	sedmnáct
petnaest	šestnaest	sedamnaest

18	**19**	**20**
osmnáct	devatenáct	dvacet
osamnaest	devetnaest	dvadeset

100	**1.000**	**1.000.000**
sto	tisíc	milion
stotinu	hiljadu	milion

angličtina
engleski

americká angličtina
američki engleski

standardní čínština
mandarinski kineski

hindština
hindski

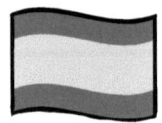

španělština
španski

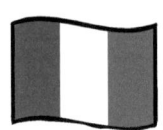

francouzština
francuski

arabština
arapski

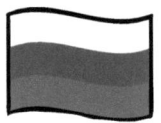

ruština
ruski

portugalština
portugalski

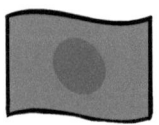

bengálština
bengalski

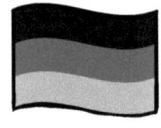

němčina
nemački

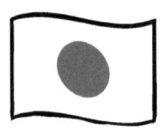

japonština
japanski

já
ja

ty
ti

on / ona / ono
on / ona / ono

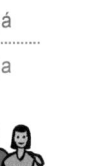

my
mi

vy
vi

oni
oni

Kdo?
Ko?

Co?
Šta?

Jak?
Kako?

Kde?
Gde?

Kdy?
Kada?

HELLO, I AM

jméno
ime

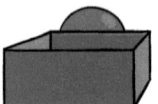

za
iza

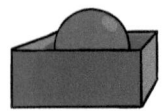

do
u

z
ispred

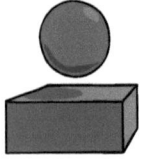

nad
preko

na
na

mezi
ispod

vedle
pored

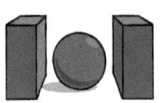

mezi
između

místo
mesto